TULPEN GLÜCK

SARAH STILLER

CALLWEY

La Belle Époque

Inhalt

GROSSE
Tulpen LIEBE

Pink Treasure

Was seid ihr nur für wundervolle Geschöpfe? Eure Farben, Formen und unendliche Auswahl entzücken mich jedes Jahr aufs Neue zutiefst.
Wie keine andere Blume kündigt ihr den Frühling mit einem Feuerwerk voller guter Laune an. Kräftig, zart, gefüllt, einfach, wild und ungestüm.

Aber auch vorher schon, wenn eure kleinen grünen Köpfchen im kahlen Garten aus der Erde schauen und sich gegen das Grau-in-Grau des Himmels behaupten, verstehe ich, warum Grün die Farbe der Hoffnung ist. Und das ist der Beweis dafür, dass es jede Mühe wert war, im Herbst wie besessen zu buddeln. Längst vergessen sind meine Finger, die vor Kälte brannten und die dicken Klumpen nasser Erde, die festgetreten an meinen Gummistiefeln, im Haus (natürlich!) runterfielen und eine dicke Matschspur im Flur hinterließen.

Kein Frühling ohne Tulpen. Kein Frühlingstisch ohne Tulpenstrauß.
Diese wundervolle Pflanze, die auch schon in der Vergangenheit für viel Wirbel sorgte, schenkt uns je nach Sorte – von März bis in die ersten Sommertage – geballte Frühlingsfreude.

Mit diesem Buch möchte ich Dich mitnehmen in die bunte Welt der Tulpen. Damit auch Du in den ungetrübten Hochgenuss dieser außergewöhnlichen Blume kommst.

Und ich möchte Dir zeigen, dass es mehr gibt, als die „normalen" Tulpen, die wir vielleicht aus dem Garten unserer Großeltern oder aus formalen Parkanlagen kennen. Dicke romantische Päonien-, gefranste, freche Crispa-Tulpen oder übermütige, temperamentvolle Papageientulpen.

Ob im Garten oder auf dem Balkon, im Topf, im Beet oder in der Vase – Tulpen gehören für mich zum vollkommenen Frühlingsglück dazu.

Also runter vom Sofa, ab in die Erde und

Happy Buddeln, Deine Sarah ♡

Was innere SCHWEINEHUNDE und TULPEN miteinander zu tun haben

So klingt mein inneres Zwiegespräch an einem kuscheligen Oktobertag:

Die Eine: „Endlich kann Sarah mit bestem Gewissen auf dem Sofa sitzen. Kerzen an und Buch aufschlagen."

Die Andere: „Sollten wir Sarah nicht daran erinnern, doch nochmal in den Garten zu gehen?"

Die Eine: „Schick doch Sarah bei dem Wetter nicht raus. Sie hat für diese Saison wahrlich genug getan. Gönn' ihr doch endlich eine wohlverdiente Pause."

Die Andere: „Aber ihre Enttäuschung, wenn im Frühling kaum was los ist im Garten?"

Und wieder die Erste: „Aber da ist doch eine Menge los… Apfelblüte! Akeleien! …Primeln!!!"

Beim Stichwort Primeln springe ich auf und ziehe meine Gummistiefel an.
Denn
1. habe ich keine Primeln
2. geben mir Primeln nicht das, was Tulpen mir jedes Jahr wieder schenken:
Pure, reinste, überschwängliche Glücksgefühle!

Zugegebenermaßen ist es schwer, seiner Zeit vorauszudenken (wir lernen doch, dass wir „im Moment" sein sollen) und sich mit dem Frühling zu beschäftigen, wenn suboptimale Wetterbedingungen uns den direkten Weg zur Couch aufzeigen und unsere inneren Schweinehunde die Lebkuchen und Christstollen vor den Supermarktkassen aufmerksam betrachten.

Aber genau dann, wenn der Herbst uns beharrlich ins Ohr flüstert, dass es Zeit ist, sich einzuigeln, Tee zu trinken und die schnurrende Katze auf dem Schoß zu kraulen, genau dann sollten wir nochmal raus.

Und wir werden so dankbar sein. So dankbar.

Black Hero

Amazing Grace, Copper Image, Queensland, Sensual Touch

TULPEN VERSTEHEN

Blue Diamond

Das Faszinierende an Zwiebelpflanzen ist, dass alles, was sie für den Neuaustrieb benötigen, bereits in der Zwiebel vorhanden ist. Und das ist für uns ein großes Geschenk, weil es uns das Gärtnern mit Blumenzwiebeln so einfach macht. Sie können sich (zumindest bis zum Austrieb) alleine versorgen.

Tulpen kommen aus Gegenden mit kalten, schneereichen Wintern und heißen, trockenen Sommern. Die Kälte und die Hitze machen ihnen nichts aus, vielmehr ist Feuchtigkeit etwas, womit sie schwer zurechtkommen. Ganz besonders während der Winterruhe, aber auch im Sommer.

Wie wir das von Speisezwiebeln kennen, besteht auch die Tulpenzwiebel aus mehreren Schichten (Schalen), die unten am Blütenboden, der sogenannten Basalplatte, zusammengehalten werden. Dort wachsen auch die Wurzeln.

Tulipa kaufmanniana

Längsschnitt der Zwiebel

Eine Zwiebel ist wie eine komprimierte Pflanze: Die Basalplatte ist der Stängel, die einzelnen Schichten sind die Blätter und in der Mitte befindet sich die Blüte. Sie ist ein Speicherorgan, das sich seine Nährstoffreserven zum Überwintern und zur Fortpflanzung aus den welkenden Blättern des Vorjahres zieht.

Tulpen sind sogenannte Geophyten (geos = Erde) oder auch Kryptophyten (krypto = verborgen). Das bedeutet, dass ihre oberen Pflanzenteile absterben, „sich zurückziehen", während sie unter der Erde überwintern. Sie schützen sich also vor ungünstigen Lebensbedingungen, indem sie sich unter der Erde verbergen.

Der Zyklus der Zwiebel

(1) Die Zwiebel wird im Herbst gepflanzt und bildet daraufhin neue
Wurzeln, über die sie sich versorgen
kann.

(2) Sobald die Temperaturen unter
5 Grad fallen, gehen die Zwiebeln
in die Winterruhe. Diese dauert im
Schnitt drei Monate.

(3) (4) Im Frühjahr erscheint der
Trieb, daraus entstehen die Blätter und
die Blüte.

(5) Danach verwelkt die Blüte, Samen
werden produziert, die Blätter werden
langsam gelb. Tochterzwiebeln bilden
sich. Aus den welkenden Blättern zieht
die Zwiebel die Energie und geht über
den Sommer in eine zweite Ruhephase.

Augen auf beim Zwiebelkauf! In der Regel gilt: je größer die Tulpenzwiebel, desto größer und imposanter wird ihre Blüte.

Die Größe macht's

Tatsächlich ist es bei Tulpenzwiebeln so, dass die Größe der Zwiebel auf die Größe der Blüte schließen lässt. Je größer die Zwiebel, desto mehr Nährstoffe hat sie zur Verfügung und desto größere Blütenansätze wird sie bilden können. Idealerweise sollten Tulpenzwiebeln einen Umfang von mindestens 10 bis 11 Zentimeter haben, noch besser wären 11 bis 12 Zentimeter. Sie werden dann mit 10/11 oder 11/12 gekennzeichnet. Sind sie kleiner, gibt es kleinere Blüten, manchmal auch nur Blätter. Wildtulpen sind perfekt bei einem Umfang von 6/7 also 6 bis 7 Zentimeter.

Die Zwiebel sollte sich prall und schwer anfühlen und ihre Oberfläche unbeschadet und glatt sein. Schimmelige Exemplare bitte entsorgen.

GESCHICHTE
der TULPEN

Crown of Negrita

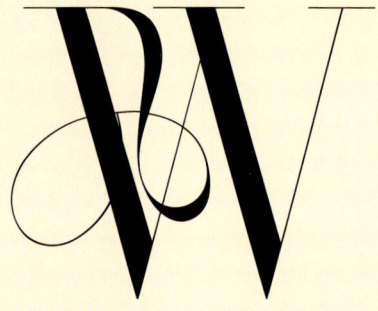

Wie viele andere Pflanzen, die selbstverständlich in unserem Garten stehen, sind Tulpen nicht hier beheimatet. Die wilden Vorfahren unserer Tulpen kamen aus Asien und legten vor hunderten von Jahren auf Kamelrücken und in Eselskarren einen weiten Weg zurück, bevor sie in unseren Beeten heimisch wurden.

Von der Lâle zur Tulpe

Vermutlich auf der Seidenstraße unterwegs, machte die Tulpe erstmal einige Jahrhunderte Station in der Türkei. Dort brachte es die Zwiebel aus dem fernen Osten bereits im 12. Jahrhundert zu Rang und Namen. Sie war sehr beliebt, schmückte die Gärten der oberen Zehntausend und verzierte als Kunstmotiv Kleidung, Fliesen, Briefpapier und sogar Waffen. Tulpen standen für Macht und Reichtum, osmanische Herrscher trugen sie deshalb gerne als Statussymbol an ihrem Turban.

Wahrscheinlich stammt ihr heutiger Name aus dieser Blütezeit in der Türkei. Der Franzose Ogier Ghislain de Busbecq, der im 16. Jahrhundert in seiner Funktion als Diplomat das Osmanische Reich besuchte, war begeistert von dieser wunderschönen Blume. In Unkenntnis der türkischen Sprache passierte ihm eine folgenschwere Verwechslung: Er bezeichnete sie in seinen Reiseberichten als „Tülbent", was eigentlich „Turban" heißt. Er dachte, damit sei die Blume gemeint, nicht die Kopfbedeckung der Männer, die sie verzierte. So wurde aus der türkischen „Lâle" (auch heute noch das Wort für Tulpe im Türkischen) zunächst eine „tulipa" und schließlich die

Mar

110.000 Euro für eine Tulpe - Der skurrilste Spekulationswahn der Geschichte

heute bekannte „Tulpe".

Obwohl man sie heute in jedem Supermarkt, Discounter oder jeder Tankstelle als Tulpe to go findet, ist ihre Geschichte weit abenteuerlicher, als man vermuten könnte.

Mit ein paar Samen und Zwiebeln im Gepäck machte sich de Busbecq auf die Reise zurück nach Europa. Sein Mitbringsel gab er in professionelle Hände: in die des niederländischen Botanikers und Professors Carolus Clusius, Präfekt des Hortus Botanicus in Leiden (den es übrigens heute noch gibt), mit dem sie Ende des 16. Jahrhunderts nach Holland gelangten. Er pflanzte 1593 die erste Tulpenzwiebel und startete damit die Blumenzwiebelkultur in den Niederlanden.

Und dann begann der Irrsinn – der skurrilste Spekulationswahn der Geschichte, in dem Tulpen zweihundert mal teurer waren als Gold.

Tulpen waren äußerst dekorativ und selten. Beides, vor allem ihre Seltenheit, machte sie rasch zu beliebten Sammlerstücken. Jeder wollte Tulpen haben, aber nicht jeder konnte sie bekommen. Zwar schossen die Tulpenzüchtereien wie Unkraut aus dem sandigen holländischen Boden – die ideale Voraussetzung für den Anbau – doch vom Samen bis zur Pflanze können gut und gerne sieben Jahre vergehen.

Es dauerte nicht lange, bis Tulpen zu einem absoluten Luxusartikel wurden. Das alleine ist schon komplett verrückt. Aber, dass die größte Nachfrage auch noch nach kranken Tulpen bestand, ist absurd. Ganz besonders beliebt waren nämlich diejenigen mit mehreren Farben, ausgefallenen Mustern oder mit farbig gesäumten Blütenblättern. Die „Semper Augustus", eine weiße Rembrandt-Tulpe mit kräftigen roten Streifen, die inzwischen ausgestorben ist, war eines dieser heiß begehrten Objekte. Man versuchte mit allen Mitteln, diese ausgefallenen Tulpen zu züchten, doch ohne Erfolg. Sie waren und blieben Zufallsprodukte. Kein Wunder, denn sie waren nicht gezüchtet, sondern ganz einfach nur krank. Erst Anfang des 20. Jahrhunderts fand man heraus, dass das sogenannte Mosaikvirus die besonderen Muster und Farbverläufe verursachte.

Die wenigen blühenden Exemplare wurden zum Teil nachts aus den Gärten geklaut und die Preise für Tulpenzwiebeln kletterten in völlig absurde Höhen. 1624 kostete eine Zwiebel 1.200 Gulden – ein Wahnsinn, mit dem nun wirklich nicht jeder seinen Vorgarten bestücken konnte, denn das durchschnittliche Jahreseinkommen betrug damals nur etwa 150 Gulden.
Aber das war erst der Anfang. Rasch verdoppelten sich die Preise, und obwohl in der Zwischenzeit längst genug Ware vorhanden war, stieg die Nachfrage weiter an. Viele witterten in dem Geschäft auch das ganz große Geld – Tulpen wurden zum Spekulationsobjekt. Schon längst wurde nicht mehr nur mit Tulpenzwiebeln gehandelt, gierige Händler verkauften auch schon Anwartschaften auf Keimlinge, die erst in ferner Zukunft zu Pflanzen werden würden. Das Ganze lief vollends aus dem Ruder und aus dem Handel mit der begehrten Blume entstand 1635 eine riesige Blase: die Tulpenmanie.

Auf dem Höhepunkt des Spekulationswahns lag der Preis für eine Tulpenzwiebel bei unfassbaren 10.000 Gulden, umgerechnet circa 110.000 Euro. 1633 wurde ein ganzes Haus für drei Zwiebeln verkauft. Fast nicht vorstellbar, wenn man bedenkt, dass ein Bund Tulpen heute im Supermarkt nur wenige Euro kostet. Die Preise wurden anhand des Gewichts festgelegt, schwankten aber je nach Standort der jeweiligen Tulpenbörse. Und so manche Zwiebel wechselte innerhalb eines Tages mehrmals ihren Besitzer – als Wertobjekt.

Genauso schnell, wie der gigantische Handel mit den Tulpenzwiebeln an Fahrt aufgenommen hatte, legte sich der Boom 1637 aus nicht bekannten Gründen wieder. Die absurden Preise wurden nicht mehr akzeptiert, die Blase platzte. Existenzen waren zerstört, die Schulden in einem Leben kaum rückzahlbar. Und die Tulpen durften wieder einfach nur das sein, was sie ursprünglich mal waren: wunderschöne Blumen in vielen verschiedenen Farben und Formen.

Holland ist das Land der Tulpen geblieben, über 80 % der Weltproduktion mit ca. 1.200 Sorten werden hier kultiviert. Der lockere Sandboden sorgt für eine gute Drainage und das Seeklima vertreibt Insekten, die Viren

Der Tulpenirrsinn im 17. Jahrhundert: Die zufällige Musterung auf den Blütenblättern entstand nicht durch Züchtung, sondern durch das Mosaikvirus.

INFO

Es gibt sogar eine „heimische" Tulpe. Die Tulipa sylvestris, die Weinbergtulpe, die ursprünglich aus Südeuropa und Nordafrika stammt, wurde vor 500 Jahren bei uns heimisch. Sie ist heute stark gefährdet und steht auf der Roten Liste der bedrohten Arten.

übertragen können. Und obwohl die meisten Tomaten und Gurken in unseren Supermärkten aus Holland kommen, wird fast die Hälfte der Anbaufläche für die Tulpenzucht genutzt. Über zwei Milliarden werden hier jedes Jahr gezüchtet – Schnittblumen wie Zwiebeln.

Die Tulpe ist bis heute das Nationalsymbol der Niederlande.

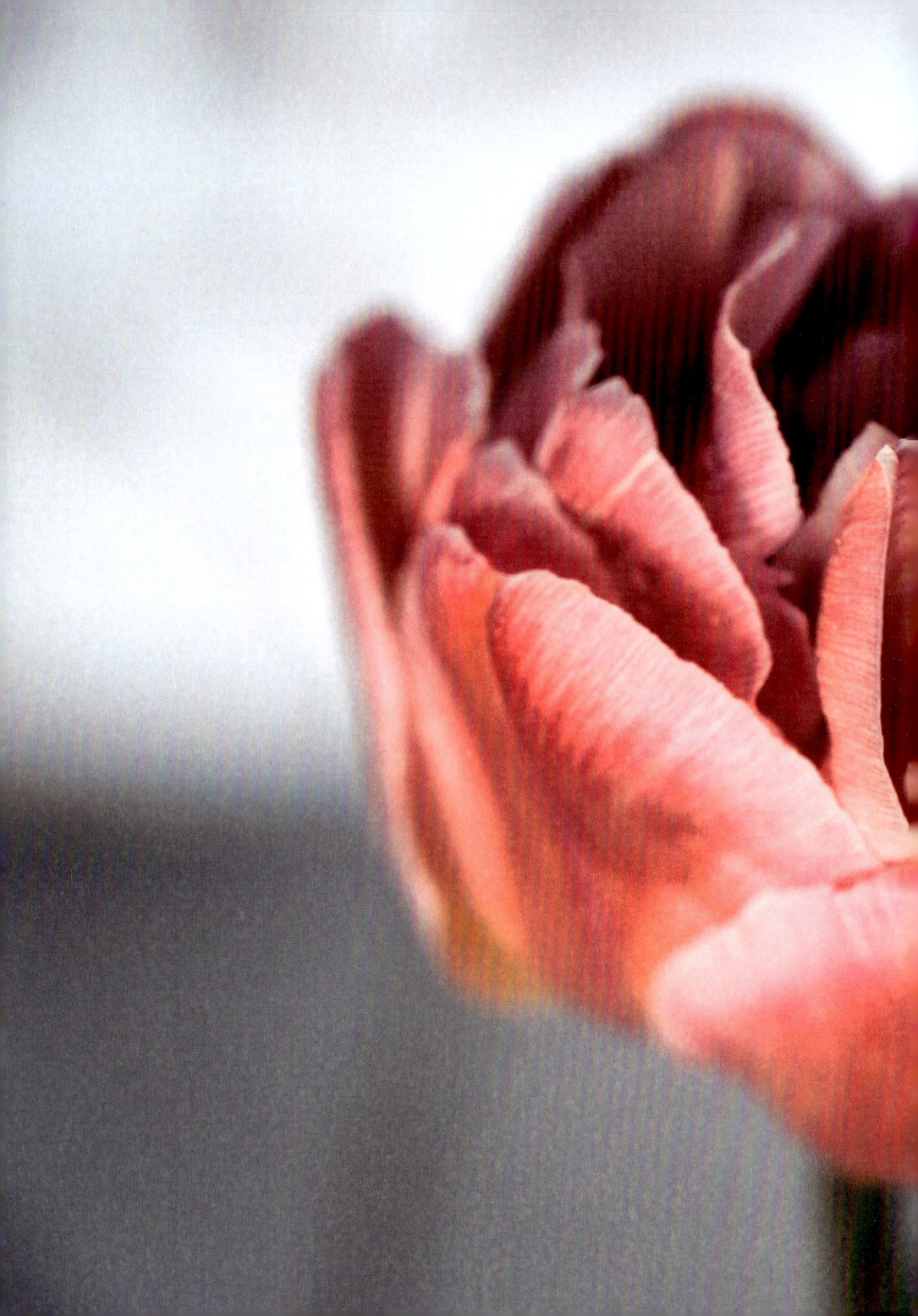

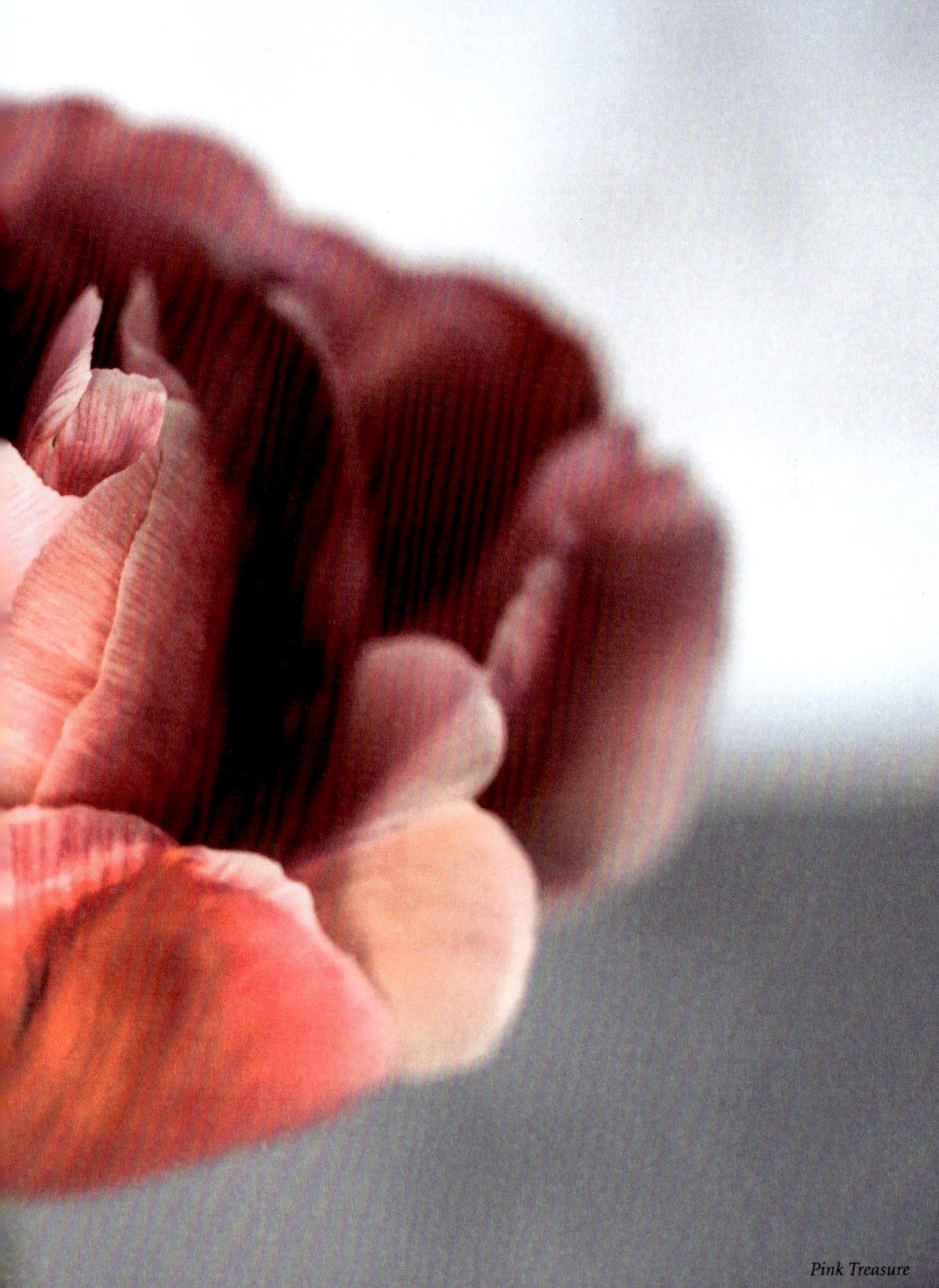

Pink Treasure

Pink Treasure

Tulpen PRACHT & Tulpen FÜLLE

Pink Treasure

Ob weiß, gelb, rot, rosa, pink, purpur, lila, orange oder sogar schwarz, einfarbig oder mehrfarbig – Tulpen gibt es in so vielen Farben, von zarten Pastell-Schattierungen bis hin zu kräftigen, satten Tönen. Ebenso vielfältig sind die Blütenformen, mit kurzen Stielen ab acht Zentimeter oder hochgewachsen bis zu siebzig Zentimeter, mit gefüllten oder einfachen Blüten, mit gefransten oder spitzen Blütenblättern. Manche erfüllen die Frühlingsluft sogar mit einem wundervollen Duft. Die kleinsten Wildtulpen sind ungefähr acht bis zehn Zentimeter groß, „Sky High Scarlet" kann bis zu neunzig Zentimeter hoch werden. Und es gibt sogar Tulpen mit mehreren Blüten an einem Stängel.

Aktuell gibt es zwischen 4.200 und 5.000 verschiedene Tulpensorten. Bevor eine neue Sorte nach ca. 20 Jahren auf dem Markt erhältlich ist, wird sie auf ihre Gartentauglichkeit getestet. Besteht sie, wird sie in das internationale Register der Koninklijke Algemeene Vereeniging voor Bloembollencultuur (KAVB) in den Niederlanden eingetragen. Besteht sie nicht, bedeutet das einen herben Rückschlag für den Züchter, der viele Jahre seines Lebens und sehr viel Arbeit in diese einzelne Sorte gesteckt hat.

Ist eine Tulpe über 50 Jahre alt, wird sie als historische Tulpe eingestuft. Und tatsächlich sind auch noch Tulpen aus den Anfängen der Tulpenzucht erhalten, die in Sammlungen in botanischen Gärten gepflegt werden. „Lac van Rijn" ist die älteste noch existierende Sorte. Seit 1620 wird sie kultiviert.

Um bei der großen Menge an verschiedenen Sorten (150 verschiedene Arten) nicht völlig den Überblick zu verlieren, wurde bereits 1917 ein Klassifikations-System etabliert. Da im Laufe der Zeit viele neue Züchtungen dazukamen, hat man das System immer wieder entsprechend angepasst. Heute werden Tulpen in 15 Sortengruppen eingeordnet, unterteilt nach den Kriterien Blütezeit, Abstammung und Blütenform.

EINFACHE FRÜHE TULPEN

Sie sind mit die ersten Tulpen, die sich nach dem Winter aus der Erde wagen. Die einfachen Blüten werden 20 bis 40 Zentimeter hoch und eignen sich auch für die Anzucht in Töpfen. Sie blühen meistens schon Anfang bis Mitte April. Zu ihnen zählen „Apricot Beauty" oder „Candy Prince".

GEFÜLLTE FRÜHE TULPEN

Gefüllte frühe Sorten wachsen auf eher kurzen und kräftigen Stielen und blühen ab Ende März. Bekannte Vertreter dieser Gruppe sind z.B. „Creme Upstar", „Foxtrot" oder „Foxy Foxtrot".

TRIUMPH-TULPEN

Silver Cloud

Die größte Gruppe. Triumph-Tulpen haben mittellange, kräftige Stiele, was sie zu perfekten Schnittblumen macht. Sie blühen in allen Farben, manche einfarbig, manche mit geflammten Blüten und manche mit farblich abgesetztem Blattsaum. Blütezeit Ende April, Anfang Mai. „Silver Cloud" oder „Alibi" gehören zu dieser Sorte.

DARWIN-HYBRID-ULPEN

Van Eijk

Die Ur-Ahnin dieser Sorten war die Darwin-Tulpe, eine rote Tulpe mit kelchförmigen Blüten. Die daraus gezüchteten Hybriden haben sehr große Blüten in meist kräftigen Rot-, Orange- und Gelb-Tönen, selten in zarteren Farben. Sie wachsen bis zu 70 Zentimeter hoch, gelten als „mehrjährige Tulpen" und blühen ab Ende April bis Mitte Mai. „Parade", „Light and Dreamy" oder „Mystik van Eijk".

EINFACHE SPÄTE TULPEN

Menton

Queen of Night

Die klassische Tulpe mit ungefüllten Blüten. Sie blüht ab Anfang Mai und ist mit einer Wuchshöhe von 40 bis 70 Zentimeter eine wunderbare Schnittblume. Große Farbpalette. „Menton", „Avignon" oder „Queen of Night" gehören zu den einfachen, späten Tulpen.

LILIENBLÜTIGE TULPEN

Green Star

Fly Away

Wie der Name, so die Tulpe. Diese Sorten haben schmale, spitz zulaufende Blütenblätter. Mit ihrer Größe von bis zu 60 Zentimeter hervorragend geeignet für die Vase. Blütezeit von Ende April bis Anfang Mai. Dazu zählen "Greenstar" und "Fly Away".

GEFRANSTE TULPEN (Crispa Tulpen)

Perth

Leicht zu erkennen an ihren ausgefransten oder gezackten Blütenblättern, sind diese Sorten eigentlich Mutanten von einfachen frühen Tulpen. Inzwischen bilden sie eine eigene Sortengruppe. Wuchshöhe und Blütezeiten sind unterschiedlich. „Queensland", „Perth" oder „Cranberry Tristle" sind Vertreter der gefransten Tulpen.

VIRIDIFLORA-TULPEN

Viridiflora Doll's Minuett

Die den lilienblütigen Tulpen ähnlichen Blüten haben eine ganz besondere Färbung. Einige sind fast vollständig grün und haben einen Hauch von Farbe am Rand der Blütenblätter. Bei anderen zieht sich ein grüner Streifen vom Blütenboden bis zur Spitze der Blätter. Ihre Größe variiert zwischen 30 und 50 Zentimeter, sie blühen im späten Frühling. „Spring Green" und „Greenland" oder „Chinatown" sind Beispiele für diese Sorte.

REMBRANDT-TULPEN

Mabel

Sie haben geflammte, gestreifte oder gefleckte Blütenblätter, ursprünglich verursacht durch das Mosaikvirus. Sorten dieser Gruppe gibt es nicht mehr im Handel, nur wenige Tulpenliebhaber züchten sie noch privat. Die im Handel erhältlichen Rembrandt-Tulpen verdanken das Muster ihrer Züchtung und sind vollkommen gesund. Blütezeit ab Mitte Mai. Sie werden bis zu 60 Zentimeter groß. „Carnaval de Nice" oder „Rem's Favourite".

PAPAGEIEN-TULPEN

Black Parrot

Diese besonderen Tulpen gibt es bereits seit dem 17. Jahrhundert. Ihre großen becherförmigen Blüten mit gekräuselten Rändern und gedrehten Blättern sind meist mehrfarbig. Wuchshöhe 30 bis 60 Zentimeter, Blütezeit Mitte April bis Ende Mai. Meine liebsten sind „Green Wave", „Amazing Parrot" und „Blushing Parrot".

GEFÜLLTE SPÄTE TULPEN (Päonien Tulpen)

Dream Touch

Wegen ihrer Ähnlichkeit zu Pfingstrosen auch als päonienblütige Tulpen bekannt. Die großen, gefüllten Blüten können einen Durchmesser von 10 bis 20 Zentimeter erreichen. Sie blühen im späten Frühjahr und werden zwischen 40 und 50 Zentimeter groß. „Dream Touch" oder „Valdivia" gehören dazu.

KAUFMANNIANA-TULPEN

Tulipa kaufmanniana

Sie gehören zu den besonders robusten Arten. Ihre Blüten öffnen sich am Morgen weit und sternförmig wie die einer Seerose und schließen sich abends. Sie lieben die Sonne, wachsen etwa 20 bis 25 Zentimeter hoch und blühen früh, im März und April. „Early Harvest" und „Ice Stick" sind Exemplare dieser Sorte.

FOSTERIANA TULPEN

Tulipa fosteriana

Tulpen dieser Klasse haben schlanke Blüten mit spitz auslaufenden, zum Teil gestreiften oder gesprenkelten Blättern. Ihre Blütenblätter sind sehr lang und schalenförmig. Blütezeit ab Anfang April, Wuchshöhe zwischen 20 und 30 Zentimeter. Zu ihnen zählen zum Beispiel „Purissima" und „Apricot Emperor".

GREIGII-TULPEN

Tulipa greigii Wildform

Die im Handel erhältlichen Hybriden stammen ursprünglich von der Wildtulpe aus Turkestan ab. Ihre Blätter sind oft gestreift oder gestrichelt. Sie werden 20 bis 35 Zentimeter groß und blühen schon früh im Jahr. „Red Rinding Hood" und „Donna" gehören zu ihnen.

WILDTULPEN/BOTANISCHE TULPEN

Lilac Wonder

Die Mutter aller Tulpen ist in der Regel kleiner als ihre gezüchteten Nachkommen. Sie mag es gerne warm und gedeiht gut in trockenen Böden. Blütezeit von März bis Ende Mai. Im Handel findet man nachgezüchtete, botanische Sorten wie "Pulchella Alba", "Little Beauty" und "Lilac Wonder".

Shogun

WILDTULPEN

Wildtulpen oder botanische Tulpen sind ganz besonders. Sie sind die Ahnen unserer heutigen Gartentulpen und es gibt längst nicht alle in Kulturform. Beheimatet sind sie in Zentralasien, Süd-Europa und auch in Nordafrika. Sie sind kleiner und gehören zu den ersten, die im Frühjahr blühen. Manche blühen bereits Anfang März, die Blüten sind filigran und öffnen sich weit – Biene & Co kommen einfach an den begehrten frühen Nektar. Sie erfreuen den Gartenbesitzer über viele Jahre, da sie sich fleißig vermehren, wenn sie sich wohlfühlen (viel Sonne, wenig Nässe!). Steingärten mögen sie besonders, da sie ihrem natürlichen Habitat am ehesten entsprechen.

Wildtulpen sind pflegeleicht, pflanzen sich gut über Brutzwiebeln und Samen fort und kommen zuverlässig wieder. Du kannst sie mit anderen frühblühenden Stauden wie Blaukissen oder Polster-phlox kombinieren.

Zu den Wildtulpen-Sorten gehören beispielsweise die Persische Tulpe (Tulipa clusiana), Tulipa turkestanica, Tulipa praestans, die Weinbergtulpe (Tulipa sylvestris) oder Tulipa sprengeri und Tulipa schrenkii.

Tulpen im Farbenrausch

Einer der schönsten Momente überhaupt: Frühmorgens durch den Garten zu laufen und zu entdecken, was sich über Nacht getan hat.

AB IN die ERDE

Mit dem Zwiebelpflanzer geht das Setzen ganz einfach.

Jeder kann Tulpen pflanzen! Wobei Tulpen nicht gepflanzt, sondern ihre Zwiebeln gesetzt werden. Und wir Gärtner*innen dürfen uns schon im Herbst wieder mit dem Frühling beschäftigen. Nämlich dann, wenn Rasenmäher, Spaten und Schaufel in den Winterschlaf gehen und die Blätter von den Bäumen fallen.

Tulpen brauchen Kälte, um danach im Frühling in voller Pracht auszutreiben. Übrigens – da Du ohnehin Deine Dahlienknollen aus dem Boden holen solltest, ist das eine wunderbare Gelegenheit, nebenbei gleich ein paar Tulpenzwiebeln zu setzen.

In unseren Breiten ist der richtige Zeitpunkt zum Setzen von Tulpenzwiebeln idealerweise von Ende September bis Ende November, zur Not kannst Du auch bis in den Dezember hinein pflanzen, allerdings noch vor dem ersten Bodenfrost. Dann, wenn die Bodentemperatur unter 10 Grad fällt und auch die Lufttemperaturen die kalte Jahreszeit ankündigen, herrschen für Tulpen perfekte Bedingungen. Kälte gibt ihnen das Signal, sich auf den nächsten Frühling vorzubereiten und in der Erde Wurzeln zu bilden. Sie benötigen insgesamt circa 15 Wochen unter 10 Grad.

Und solltest Du im Januar in Deiner Garage noch ein paar Zwiebeln finden, lohnt es sich, sie noch einzupflanzen. Oft werden die Blüten zwar kleiner, aber einen Versuch ist es auf jeden Fall wert.

Wenn Du Tulpenzwiebeln kaufst und sie noch nicht eingraben kannst, lagere sie kühl und trocken.

Marit und Crown of Negrita im Bauerngart

Tulpenglück im Cottage Garten

Ab in die Erde 47

Tulpen setzen

Entscheidend für den Erfolg im Garten ist es, den Bedürfnissen der Pflanzen gerecht zu werden. Und ein bisschen Liebe schadet natürlich auch nicht.

Tulpen sind relativ einfache Geschöpfe. Das Einzige, womit sie gar nicht gut zurechtkommen, ist Staunässe. Dadurch faulen die Zwiebeln. Ideal für Tulpen ist ein lockerer, durchlässiger, humoser Boden. Falls Du einen schweren Lehmboden hast, kannst Du etwas Sand oder Kies untermischen.

Tulpen mögen es sonnig. Aber da die meisten Zwiebelblumen schon blühen, bevor Bäume und Sträucher ihr Laub auspacken, kommen durchaus auch Standorte in Frage, die im Sommer durch ein dichtes Laubdach schattig werden.

Ein ganzjährig sonniges Plätzchen hat allerdings den Vorteil, dass Pilzsporen sich dort weniger entwickeln können als im Schatten.

Im Topf kannst Du ruhig ein bisschen enger setzen.

In der Gruppe wirken Tulpen besser.

Ins Beet

Wenn Du Tulpen in Deine Beete setzt, denke daran, dass sie irgendwann verwelken und nicht mehr schön aussehen. Und da die welkenden Blätter vorerst dran bleiben müssen, setze die Tulpen so, dass die im späten Frühjahr austreibenden Stauden das Unschöne mit ihren frischen Blättern verdecken können. Bei mir erledigen diesen Job Akeleien, Lupinen, Nachtviolen, Phlox, Herbstanemonen, Pfingstrosen, Farne und Katzenminze.

Schöner und natürlicher sieht es aus, wenn Du die Zwiebeln nicht in regelmäßigen Abständen setzt. Pflanzt Du nur wenige, achte auf eine ungerade Zahl. Drei oder fünf sehen besser aus als zwei oder vier.

Ich bevorzuge für das Auge lieber weniger Sorten, dafür aber mehr Exemplare. Also – klotzen, nicht kleckern! Statt eine hier, eine da und zwei da drüben, pflanze sie lieber zusammen in eine große Gruppe. Das wirkt besser.

Du kannst die Zwiebeln auch vorsichtig werfen und da einpflanzen, wo sie landen. Das wirkt sehr natürlich, vor allem, wenn sie an einigen Stellen dichter und an anderen etwas weiter auseinander stehen.

Die frühblühenden Tulipa kaufmania sind deutlich niedriger ...

TIPP

Tulpen blühen je nach Sorte von Mitte März bis Ende Mai. Wenn Du mehrere verschiedene Sorten pflanzt, die nicht alle zur selben Zeit blühen, kannst Du Dich über eine Tulpenblüte von den ersten Frühlingstagen bis in den Frühsommer hinein freuen. Du könntest mit frühblühenden Wildtulpen und Tulipa kaufmanniana beginnen und in einem Grande Finale die Saison mit Spätblühern wie „Copper Image", „Amazing Grace" oder „Angelique" beenden.

... als die Spätblüh-enden, wie hier Copper Image.

Um die Löcher für die Zwiebeln zu stechen, gibt es ein sehr praktikables Hilfsmittel – einen Blumenzwiebelpflanzer. Mit langem Stiel und angeschweißtem Fußtritt oder auch mit kurzem Stiel. Damit kannst Du ganz einfach Löcher ausstechen und mit der herausgedrückten Erde wieder verschließen.

Ich liebe auch mein Pflanzmesser für feste, steinige Böden. Du kannst mit ihm auch gleichzeitig die Erde lockern, dadurch wird sie durchlässiger.

Als Faustregel gilt: Die Pflanztiefe sollte das Zwei- bis Dreifache der Zwiebelgröße betragen. Alles zwischen 10 und 15 Zentimetern ist gut. In kälteren Gegenden gerne etwas tiefer, um sie besser vor Frost zu schützen. Aber keinen Stress, Tulpenzwiebeln sind schlau und bilden „Zugwurzeln", die die Tiefe des Pflanzloches ausgleichen können. Bei sehr sandigen Böden kannst Du ein bisschen tiefer gehen, da diese schneller austrocknen. Für den Pflanzabstand ist eine großzügige Handbreite ideal, je weiter sie auseinanderliegen, desto besser für die Brutzwiebeln.

Du kannst ein wenig Kompost oder organischen Dünger mit in das Pflanzloch füllen, der der Pflanze dann zur Verfügung steht, wenn sie austreibt und ihn benötigt. Außerdem verbessert er die Bodenstruktur und macht den Boden durchlässiger. Sollte der Boden zu lehmig sein und Gefahr von Staunässe bestehen, kannst Du zunächst etwas Kies oder groben Sand als Drainage in das Loch füllen. Die Zwiebel gehört mit der Rundung nach unten und mit der Spitze nach oben. Dann das Loch mit lockerer Gartenerde (oder der zuvor ausgestochenen Erde) verschließen.

Unglaublich romantisch finde ich Blumenzwiebeln, die in der Wiese oder im Rasen wachsen. Am besten nimmst Du dafür Wildtulpen oder Sorten, die sich gut vermehren. Man nennt das „Verwildern". Auch da bietet sich die Wurftechnik an, um eine natürliche Wirkung zu erzielen. Es soll so aussehen, als ob sie von ganz alleine da gewachsen wären. Du kannst auch mit dem Spaten einzelne Bereiche abstechen, dann die Rasensode anheben, die Zwiebeln unregelmäßig verteilen und den Rasen wieder darauflegen. Dann den Rasen wässern, damit er wieder anwächst. Besonders hübsch ist es auch, Schneeglöckchen und Krokusse auf diese Art zu verwildern.

Einen Nachteil gibt es aber: Du kannst den Rasen erst mähen, wenn die Blätter Deiner Zwiebelgewächse verwelkt sind. Das kann gut einen, vielleicht zwei Monate nach der Blüte sein und sieht in dieser Zeit nicht so schön aus.

Wenn Du in Tuffs pflanzt, kannst Du um diese Bereiche herum mähen.

Im Topf

Die meisten Tulpen sind auch gut geeignet für Töpfe. Du kannst die Töpfe mit den blühenden Tulpen einfach ins Beet stellen und damit Lücken schließen oder auf die Terrasse, den Balkon, vor die Haustür – überall dahin, wo kein Beet ist, wo Du aber im Frühling beste Blumenlaune haben möchtest. Töpfe im Beet haben den Vorteil, dass Du die welkenden Tulpen nach der Blüte aus dem Blickfeld nehmen kannst, und locker die Wühlmäuse austrickst (wenn Du unter den gefräßigen Monstern leidest).

Taiwan

WIEVIEL TULPEN PRO QUADRATMETER?

Je nach Größe der Tulpen solltest Du für einen Quadratmeter reine Tulpen-bepflanzung zwischen 70 und 80 Zwiebeln bei kleinen Tulpen oder 50 bis 60 bei größeren Exemplaren rechnen.

Dreamtouch und Angelique

Mein Tipp: Jedes Frühjahr habe ich kahle Stellen im Garten, wo ich noch gerne Tulpen hätte. Und im Herbst kann ich mich wegen der Fülle in den Beeten nicht mehr erinnern, wo genau sie am besten hinpassen würden. Daher: Unbedingt Fotos machen, wenn sie blühen und aufschreiben, wo welche fehlen.

Für ungetrübte Tulpenfreude im Topf sind ein paar Dinge zu beachten:

- Je größer der Topf, desto desto besser für die Zwiebeln, da ihre Wurzeln genug Platz haben.
- Tontöpfe eignen sich besser als Plastiktöpfe (optisch auf jeden Fall immer), da die Feuchtigkeit besser entweichen kann, die Gefahr von Staunässe also geringer ist, als bei Kunststoff.
- Deshalb auch unbedingt darauf achten, dass das Wasser abfließen kann. Sonst faulen Dir die Zwiebeln weg. Dazu mit Tonscherben oder Kieselsteinen zunächst eine Drainage anlegen, dann mit Kompost und lockerer Gartenerde auffüllen. Ein bisschen Sand unter der Zwiebel vermeidet Fäule.

Vom dänischen Garten-Experten Claus Dalby habe ich mir Folgendes abgeschaut: Zwiebeln setzen, einmal gut angießen, dann zum Schutz vor Nässe und Regen komplett abdecken. Erst im Frühling, wenn die ersten Triebe herausschauen, die Abdeckung entfernen und wässern.

Auch im Topf gilt: Die Pflanzlöcher sollten zwei- bis dreimal so tief sein, wie die Zwiebel groß ist. Du kannst hier aber die Zwiebeln für eine schöne Blütenfülle unbesorgt etwas enger setzen als im Beet, da sie hier meist nur eine Saison bleiben. Sie sollten sich aber nicht berühren.

Tipp für besonders Eifrige: Schau Dir Deine Zwiebeln genau an – die meisten haben eine runde und eine flachere Seite. Setze die flache Seite an den Topfrand, da wächst das größte Blatt und hängt dann hübsch aus dem Topf heraus, statt den anderen Tulpen den Platz streitig zu machen.

Idealerweise hast Du einen Platz, an dem die Töpfe über den Winter kalt

für Hochbeete
Tulpen bestens
net.

und trotzdem geschützt stehen, z.B. im Gewächshaus, in der Garage oder im Gartenhäuschen. Du kannst sie auch in einen herbstlichen Laubhaufen eingraben. Komplettes Durchfrieren solltest Du vermeiden. Du kannst die Töpfe auf „Füße" stellen (Holzblöcke oder Ziegelsteine), das vermeidet Frost von unten.

Ab März oder spätestens, wenn die Tulpen anfangen auszutreiben, kannst Du die Töpfe rausstellen, dann freuen sie sich über Licht und Sonne.

Wenn Deine Tulpen bei den ersten wärmeren Temperaturen sehr früh austreiben, schütze sie ein wenig mit Reisig oder Vlies vor erneuten Kälteeinbrüchen.

Bepflanzte Zink-
wannen sind be-
sonders schön.

Treiben von Tulpen

Spätestens nach Silvester stehen sie an der Supermarktkasse oder bei Deinem Blumenhändler: Tulpen!

Das ist nur möglich, weil sich die Tulpe austricksen lässt und man ihr vorgaukeln kann, dass Winter ist. Das geht lang nicht bei allen Sorten, aber bei einigen ist das recht unproblematisch, wenn man für die richtigen Bedingungen sorgt.

Ich selbst habe es noch nie gemacht, schlicht deswegen, weil ich auf das „Saisonale" stehe und mir diese zusätzliche Arbeit gerne erspare.

Man kann bereits im Oktober oder November mit der Kältebehandlung beginnen. Dafür werden die Zwiebeln in eine Papiertüte oder mit etwas Sand in eine Plastiktüte in den Kühlschrank gelegt. Am besten ins Gemüsefach, die Temperatur sollte unter 5 Grad betragen (aber nicht unter Null!). Auf keinen Fall sollten Früchte wie Äpfel, die Ethylengas ausscheiden, daneben liegen. Die Zwiebeln bleiben so lange im Kühlschrank, bis die ersten Triebe zu sehen sind, im Schnitt sind das drei Monate (wie Du Deinen Mitbewohnern erklärst, warum es ab sofort weniger Gemüse gibt, bleibt vollkommen Dir überlassen).

Zeigen sich kleine Sprossen, kannst Du den Frühling für die Zwiebeln einläuten. Pflanze sie in einen Topf und stelle ihn an einen kühlen (10 bis 15 Grad) sonnigen Ort. Idealerweise wird die Umgebungstemperatur langsam gesteigert, so wie eben im Frühjahr auch.

Eine andere Methode ist es, sie im Herbst in Terrakotta(!)-Töpfe zu setzen (siehe Tulpen setzen, Seite 48). Stelle den Topf in Wasser und lasse ihn sich vollsaugen. Dann kommen die Töpfe an einen kalten, frostfreien Platz, das kann ein Keller oder Gartenhäuschen sein. Leicht feucht halten, aber auch hier bitte nicht nass.
Nach mindestens zwölf Wochen kannst Du die Tulpen dann an einen sonnigen, kühlen Ort bringen. Ein Fenster in einem ungeheizten Treppenhaus oder ein Wintergarten sind ideal. Auch hier kannst Du nach und nach die Umgebungstemperatur steigern.

Wie oben erwähnt, lassen das manche Tulpen mit sich machen. Besonders geeignet sind z.B. Triumph-Tulpen wie

„Don Quichotte", einfache und doppelte frühe Tulpen wie „Purple Prince" oder „Black Hero" sowie einige Darwin-Hybriden wie „Banja Luka".

Übrigens, das Vortreiben funktioniert auch mit anderen Blumenzwiebeln wie Hyazinthen oder Narzissen. Sofern im vorweihnachtlichen Kühlschrank noch Platz ist.

Diese Tulpen werden lange vor ihren Artgenossen draußen im Garten blühen.

DER LEGENDÄRE KEUKENHOF, GRÖSSTER TULPENGARTEN DER WELT

Wer ganz tief ins Tulpenglück eintauchen möchte, der sollte sich den holländischen Keukenhof nicht entgehen lassen. Seit über 70 Jahren öffnet der Garten von Ende März bis Mitte Mai für 700.000 bis 1,5 Millionen Besucher aus aller Welt seine Tore. Das Landgut Keukenhof liegt mitten in der Blumenzwiebelhauptregion in Lisse.

Insgesamt 15 Kilometer Wege führen durch die 32 Hektar große Parkanlage, die jedes Jahr neu gestaltet wird. Es werden sieben Millionen Blumenzwiebeln (1.600 verschiedene Sorten) gepflanzt, davon 800 Tulpenarten. Diese werden so kombiniert, dass der Park acht Wochen lang in voller Blüte steht.

Die einzelnen Bereiche des Parks mit altem Baumbestand wurden unterschiedlich gestaltet – vom englischen Landschaftsgarten über den französischen Barockgarten bis hin zum Naturgarten. Sträucher und Stauden werden mit Zwiebelpflanzen kombiniert, ein Teil des Gartens ist ganz historischen Sorten gewidmet, die zum Teil seit vier Jahrhunderten gezüchtet werden.

Mein Tipp: Ganz früh morgens um acht oder am frühen Abend ist viel weniger los und man hat das schönste Licht zum Fotografieren.

Weitere Informationen: www.keukenhof.nl.

Wer genug Platz hat, kann sich den Traum vom eigenen Tulpenfeld erfüllen

Die PFLEGE Deiner TULPEN

Marit

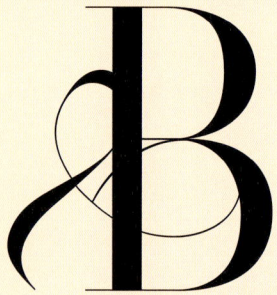

Blumenzwiebeln sind pflegeleicht. Wenn sie erstmal im Boden sind, kümmern sie sich bis nach der Blüte um sich selbst.

Durst

Solange die Tulpen nicht austreiben, wässere nur sehr sparsam, bei zu viel Wasser droht Zwiebelfäule. Gerade im Topf geht das recht schnell. Wenn du findest, dass die Erde zu trocken ist, kannst du ab und zu ein kleines bisschen gießen. Solange die Wassergaben selten sind, schadet ihnen das nicht. Sobald sie austreiben, benötigen die Tulpen Wasser.

Bald wird sich Angelique öffnen.

Amazing Parrot

Aber im Frühjahr ist es naturgemäß ohnehin durch Schneeschmelze, kühle und feuchte Nächte oder Aprilwetter eher feucht, so dass Tulpen selten gegossen werden müssen.

Hunger

Es reicht, den Zwiebeln beim Setzen etwas Kompost mit in das Pflanzloch zu geben. Über eine weitere Gabe Nahrung im Frühling, wenn die Pflanzen aus der Erde schauen, freuen sie sich und belohnen es mit dicken Blüten und der Ausbildung von kräftigen Tochterzwiebeln. Achte nur darauf, keine stickstoffbetonten Dünger zu verwenden. Ein Bio-Langzeitdünger bietet sich hierfür an, Tomatendünger in verdünnter Form (halbe Konzentration), eignet sich auch gut. Den Dünger an die Wurzeln geben und nicht über die ganze Pflanze gießen.

Körperpflege

Sobald die Tulpen verblüht sind, entferne die Blüten (falls sie nicht ohnehin bereits als Schnittblumen in der Vase gelandet sind), bevor die Pflanze ihre Kraft in die Samenbildung steckt. Nur so geht die ganze Energie in die neuen Zwiebeln. Der Stängel kann gerne stehenbleiben.

Lass bei Wildtulpen die Samenstände stehen, wenn Du möchtest, dass sie sich noch mehr ausbreiten.

Und das Allerwichtigste: lass die Blätter dran, bis sie welk sind. Die Blätter liefern Deinen Zwiebeln die Energie, die sie brauchen, um sich fortzupflanzen und damit die Tochterzwiebeln in der Ruhephase gut versorgt sind.

Nach der Blüte

Sind die Tulpen verblüht, gibt es zwei Möglichkeiten:

Am wenigsten arbeitsintensiv ist es, sie einfach im Beet zu lassen. Bei verregneten Sommern ist dies für die Zwiebeln jedoch nicht optimal. Das würde ich mit den Sorten machen, bei denen sich gezeigt hat, dass sie recht zuver-

Mein Tipp: Da ich gerne jedes Jahr eine üppige Tulpen-blüte haben möchte und ganz besonders auf die eher ausgefallenen Tulpen stehe, pflanze ich jedes Jahr ungefähr ein Drittel nach. Die Mühe lohnt sich unbe-dingt, nämlich dann, wenn der Garten im Frühling ein einziges Blütenmeer ist.

lässig wiederkommen und verwildern. Allerdings sollten sie dann nicht mehr gegossen werden.

Wenn Du die Wahrscheinlichkeit er-höhen möchtest, dass Deine Tulpen langlebig sind oder um Platz für Deine Sommerblüher zu schaffen, solltest Du die Zwiebeln aus der Erde holen, wenn die Blätter verwelkt sind.

Trenne Mutter- und Tochterzwiebeln und bewahre nur gesunde Exemplare auf. Meistens ist eine größere dabei, diese wird am ehesten im nächsten Jahr wieder blühen, vielleicht erst im übernächsten. Die Tochterzwiebeln brauchen in der Regel sechs Wochen an den Mutterzwiebeln in der Erde, um zu reifen.

Die Mutterzwiebeln kannst Du ent-sorgen, da nicht sie im nächsten Jahr blühen, sondern die im Sommer gebil-deten Tochterzwiebeln.*

Idealerweise sollten sie dann bei 18 bis 25 Grad trocken gelagert werden, je-doch nie in der Sonne und bei mög-lichst konstanter Temperatur. Wichtig ist eine gute Belüftung, damit sie nicht faulen.

Wenn Du so vergesslich bist, wie ich, solltest Du sie unbedingt beschriften. Bei mir kommen sie ins Gartenhäus-chen, das im Schatten steht.

Aber probiere es einfach selbst aus. Be-obachte, was passiert, dokumentiere gegebenenfalls, was Du mit welchen Zwiebeln gemacht hast, und lasse Dich im Zweifelsfall einfach überraschen.

Immer wieder liest man, auch in seriösen Quellen, dass die Mutterzwiebel im Herbst wieder einge-pflanzt werden kann. Diese Erfahrung deckt sich nicht mit den Erfahrungen der Tulpen-Experten, die ich für dieses Buch befragt habe, sowie mit meinen eigenen.

SIND TULPEN MEHRJÄHRIG?

Was Tulpen angeht, wird mir diese Frage am häufigsten gestellt. Und sie lässt sich nicht mit einem klaren Ja oder Nein beantworten. Die Wachstumsbedingungen in unseren Breiten sind ganz und gar nicht dieselben, die Tulpen in ihrer natürlichen Umgebung vorfinden, nämlich Extreme wie kalte, schneereiche Winter, ein kühles, feuchtes Frühjahr und sehr heiße Sommer. Gerade den heißen Sommer brauchen Tulpen zum Überleben. Die Zwiebel benötigt die Wärme und die Trockenheit, um sich auf die nächste Saison vorzubereiten.

Wildtulpen, Darwin-Hybriden (ich mag besonders die Sorten aus der Pride-Reihe), Lilienblütige Tulpen oder die Sorten Tulipa kaufmanniana, viridiflora sowie fosteriana sind unter passenden Bedingungen recht zuverlässig, auch wenn sie im Boden bleiben.

Je ausgefallener und „gezüchteter" eine Tulpe ist, desto unwahrscheinlicher ist es, dass sie Dir auch im nächsten Jahr noch Blüten schenkt. Hier meine ich vor allem Päonien-, Papageien- (selbst hier gibt es Ausnahmen) oder gefranste Tulpen. Du kannst versuchen, sie auszugraben, die Tochterzwiebeln zu lagern und sie dann im Herbst wieder einzupflanzen. Allerdings ist es nicht sicher, dass sie im nächsten Jahr blühen. Manche treiben im nächsten Frühjahr zwar aus, oft sind die Blüten aber kleiner oder es erscheinen dann irgendwann nur noch Blätter. Ich habe auch Überraschungen mit Tulpen erlebt, die jahrelang wiedergekommen sind, andere dagegen habe ich nie wiedergesehen.

Aber es gibt auch wunderschöne gefüllte Sorten wie zum Beispiel die „Black Hero", die recht zuverlässig wiederkommt. Auch „Angelique" habe ich schon seit ein paar Jahren im Garten.

Angelique

Blue Diamond

NACH-WUCHS!

Als ich vor einiger Zeit mal wieder in Holland war, wurde ich morgens um sieben am Küchentisch von Tulpenzüchtern bei einer Tasse kompromisslosem, schwarzem Kaffee in die Geheimnisse und langwierigen Prozesse der Tulpenzucht eingeweiht.

Kannst Du Dir vorstellen, dass eine neue Züchtung mit einer einzigen Zwiebel beginnt? Und im nächsten Jahr hat man dann zwei, dann vier, dann acht…

Nach ungefähr 15 bis 25 Jahren hat man dann genug Zwiebeln und Erfahrung mit dieser neuen Sorte, um sie kommerziell zu nutzen. Und manchmal stellen die Züchter nach jahrelangen Mühen fest, dass diese eine Sorte einfach nicht für den Handel geeignet ist, zum Beispiel durch besondere Anfälligkeiten für Krankheiten. Dann war alles umsonst.

Selbst wenn eine Tulpe dann endlich verkauft werden kann, ist das auch oft zeitlich begrenzt. Manchmal können die Tochterzwiebeln nach einigen Generationen nicht mehr viele Tulpen hervorbringen.

Tulipa greigii

*Wunderschöne
Tochterzwiebeln*

Tulpen vermehren

Tulpen haben zwei Möglichkeiten zur Fortpflanzung: erstens über die Bildung von Tochterzwiebeln und zweitens über die Samen. Bei der ersten Methode werden Klone von den Mutterzwiebeln erzeugt, d.h. die Nachkommen werden identisch. Bei der zweiten ist der Ausgang ungewiss, die neue Tulpe in Farbe und Form eine Überraschung.

Profizüchter arbeiten in geschützter Umgebung im Gewächshaus, um Fremdbestäubung zu vermeiden. Mit manueller Bestäubung per Pinsel werden bestimmte Sorten gekreuzt.

Im Gegensatz zu anderen Zwiebelblühern, lassen sich Tulpen nicht im Labor „in vitro" vermehren.* Bei der Vermehrung von Tulpenzwiebeln hat sich also seit dem 16. Jahrhundert eigentlich nicht viel geändert.

Tulpen selbst zu züchten ist eine Sache für äußerst ambitionierte Hobbygärtner*innen. Tulpen zu vermehren, ist schon etwas einfacher, aber mit Geduld und Hingabe verbunden. Hier machen es uns die botanischen Tulpen einfacher, die sich über Selbstaussaat und fleißige Bildung von Tochterzwiebeln von alleine vermehren können.

2018 haben zwei Unternehmen eine neue Methode entwickelt, Tulpenzwiebeln auch im Labor zu vermehren. Die Versuche laufen noch.

Light and Dreamy

Vermehren mit Tochterzwiebeln

Die meisten Tulpen setzen im Laufe des Sommers an ihren Zwiebeln kleine Tochterzwiebeln an. Du kannst sie natürlich im Boden lassen, erhöhst aber die Chancen für Nachwuchs, wenn Du sie ausgräbst. Die Tochterzwiebeln brauchen in der Regel sechs Wochen an den Mutterzwiebeln in der Erde, um zu reifen.

Außerdem kannst Du sie dann auch an anderen Standorten wieder einpflanzen und die Zwiebelchen bekommen mehr Platz, um zu gesunden Pflanzen heranzuwachsen.

Wenn die Tulpen verblüht und die Blätter komplett eingezogen sind, kann man die Zwiebeln vorsichtig aus dem Boden holen, am besten mit einer Grabegabel, um sie nicht zu beschädigen. An der Mutterzwiebel wirst Du (meist) eine große Tochterzwiebel und mehrere kleine finden. Die Größeren bilden schneller eine Blüte als die Kleinen.

Diese werden dann vorsichtig mit einem Messer oder durch leichtes Drehen von der Mutterzwiebel getrennt. Manchmal haben sie sich auch schon von selbst abgenabelt, dann liegen sie einzeln in der Erde. Man kann sie sofort wieder einpflanzen, erhöht aber

Aus der welkenden Blüte entsteht die Samenkapsel.

ihre Überlebenschancen, wenn sie über den Sommer richtig gelagert werden: trocken, warm und dunkel. Wichtig ist auch eine gute Belüftung.

Im Herbst werden dann die jungen Zwiebeln eingepflanzt. Eine gute Drainage ist auch hier wieder wichtig. Manche blühen schon im nächsten Jahr, andere brauchen bis zu drei Jahre, bis sich eine Blüte zeigt.

Vermehren über Samen

Deutlich langwieriger ist die (generative) Vermehrung über Samen. Hier ist noch mehr Geduld gefragt. Bis zur ersten Blüte kann es Jahre dauern, die Freude dürfte dann aber umso größer sein.

Im Sommer sind die Samenstände reif, und die Samen können, kurz bevor sie aufplatzen, geerntet werden. Diese können dann im Topf an geschützter Stelle oder im Gewächshaus ausgesät werden.

Bereite Dir Anzuchttöpfe vor, befülle sie mit einer Schicht humoser Erde, darauf kommt eine Schicht Anzuchterde. Bestücke sie mit den Samen und be-

decke sie mit Sand. Unbedingt darauf achten, dass die Erde im Topf immer feucht ist. Schnee ist kein Problem.

Nach der Kälteperiode wachsen im Frühjahr kleine Triebe. Auch hier ist es wieder wichtig, die Blätter vollkommen verwelken zu lassen, damit die Winzlingszwiebel mit Nährstoffen versorgt werden kann. Dann setzt du die Zwiebeln um, damit sie mehr Platz haben. Im nächsten Frühjahr kommen wieder Blätter, Du lässt sie verwelken, holst die Zwiebeln wieder aus dem Boden, setzt sie wieder ein. Nach ungefähr fünf bis sieben Durchgängen (= Jahren) hast Du blühende Tulpen! Und dabei womöglich eine ganz neue Sorte kreiert.

Wenn man sieht, wie unglaublich viel Zeit und mühsame Arbeit dahintersteckt, betrachtet man jede einzelne Zwiebel mit ganz anderen Augen, bevor man sie in die Erde steckt.

Die unglaubliche Tulpenvielfalt faszinert mich immer wieder.

NEUE SORTEN

Neue Tulpensorten entstehen sowohl durch Kreuzung, also durch Samen, als auch durch Mutationen (sog. Sports). Inzwischen bekommt man manche Sorten in zahlreichen Farben, die alle durch eine genetische (meist zufällige) Mutation entstanden sind.

Crown of Negrita, eine Kronen-Tulpe.

Pink Treasure

Pink Star

Die HÄUFIGSTEN Schädlinge & KRANK-HEITEN

Kleiner gefräßiger Blumenzwiebeldieb

maschigem Draht selber anfertigen. Andere Nager wie Mäuse und Eichhörnchen oder der ein oder andere Vogel stellen keine unterirdische Gefahr dar. Sie buddeln eventuell mal ein paar Zwiebeln aus. Lege Hasendraht oder ein Brett über die schlafenden Zwiebeln, bis diese austreiben.

Tulpen sind meist unkomplizierte Gartenbewohner, die nur selten von Krankheiten befallen werden. Die wichtigsten Herausforderungen im Überblick.

Wühlmäuse

Der größte Feind der Tulpe ist bei mir die Wühlmaus.

Unter gemeinen, hinterhältigen Wühlmausattacken habe ich seit einigen Jahren zu leiden und pflanze meine Tulpen meistens nur noch in Töpfe, Kisten oder in – mit Drahtgitter ausgelegte – Hochbeete.

Die Zwiebeln in Drahtkörbe zu setzen ist auch eine Möglichkeit, allerdings tue ich mich in meinen dichtbepflanzten Beeten schwer, sie in die Erde zu bringen, ohne die Wurzeln der anderen Pflanzen zu verletzen.

Diese Körbe gibt es fertig zu kaufen. Man kann sie aber auch aus eng-

Fadenwürmer

Eine andere Gefahr schlängelt sich durch die Erde: Fadenwürmer. Die sogenannten Nematoden leben im Boden und ernähren sich von Bakterien, Pilzen, Algen und abgestorbenem organischem Material. Es gibt auch Arten, die sich in Insektenlarven oder Schnecken einnisten, sodass einige sogar zur Bekämpfung von Schädlingen wie dem Dickmaulrüssler oder dem Gartenlaubkäfer eingesetzt werden.

Fadenwürmer fressen sich über die feinen Wurzelhärchen der Blumenzwiebeln ins Innere der Pflanze und zerstören sie dabei. Wenn die Stiele abknicken und die Blätter verkümmert sind, deutet das auf einen Befall mit Fadenwürmern hin. Hier hilft nur noch eins: Tulpe ausgraben und im Hausmüll entsorgen, bevor weitere Pflanzen angesteckt werden.

Eichhörnchen fressen zwar keine Blumenzwiebeln, graben aber gerne in den Beeten.

Danach die Schaufel bzw. den Spaten gut reinigen.

In einem gesunden, nährstoffreichen und gut belüfteten Boden können sich Fadenwürmer kaum ausbreiten, weil sich hier genügend natürliche Feinde tummeln.

TIPP

Je später man die Tulpen im Herbst setzt, desto geringer die Gefahr, dass die Nematoden noch aktiv sind.

Pilzerkrankungen

Zu frühes Setzen erhöht auch das Risiko von Pilzbefall und Fäulnis. Häufigster Pilz ist das sogenannte Tulpenfeuer (Botrytis tulipae). Leider kein Blütenmeer, das sich wie ein Feuerwerk durch die Frühlingsbeete erstreckt, sondern eine Krankheit, die die Zwiebeln befällt und im Frühjahr an bräunlichen, deformierten Trieben mit Faulstellen (auch an bräunlichen Flecken auf den Zwiebeln) zu erkennen ist. Der Pilz verbreitet sich leider sehr schnell. Deshalb die befallenen Tulpen entfernen, nicht auf dem Kompost, am besten auch die Erde großzügig ausheben und entsorgen und eini-

ge Jahre keine neuen Tulpen an diese Stelle setzen.

Auch die Zwiebelfäule kann ein Problem für Deine Tulpen darstellen. Die Tulpenblätter und Blüten sehen verwelkt aus, kümmern und auch die Zwiebeln haben Faulstellen. Leider ist auch hier keine Bekämpfung möglich, außer die Pflanzen zu vernichten und an dieser Stelle erst wieder nach einer längeren Pause (circa vier Jahre) Zwiebeln zu setzen.

TIPP

Feuchte Umgebungen sind für Pilze ein gefundenes Fressen, am besten ist immer vorzubeugen: Für eine luftige Pflanzung sorgen und mit einer guten Drainage Staunässe vermeiden.

Auch Pilze können Deinen Tulpen schaden.

Mosaik-Virus

Und dann gibt es immer noch das Tulpen-Mosaik-Virus, das für die Preistreiberei beim Tulpenwahn Mitte des 17. Jahrhunderts maßgeblich mitverantwortlich war. Es wird von Blattläusen und Fadenwürmern übertragen und zeichnet zum Teil wunderschöne Farbverläufe auf Blätter und Blüten der befallenen Tulpen. Das Virus kann auch andere Pflanzen anstecken, und lässt sich leider nicht bekämpfen, deshalb erkrankte Tulpen sofort entfernen.

Papierblütigkeit

Wenn Tulpen im Sommer falsch (zu warm, zu nass) gelagert werden oder zu viel Stickstoff bekommen haben, kann es zur sogenannten Papierblütigkeit kommen. Hier entwickeln sich die Blüten nicht richtig, sie erscheinen, wenn überhaupt, nur ganz winzig und bleich und sie wirken wie Papier. Auch eine zu späte Pflanzung kann die Papierblütigkeit zur Folge haben.

Es muss nicht immer rot oder Gelb /Oh sind solche bunten
Tulpen gezüchtet ...

Pink Treasure, Backpacker, Exotic Emperor.

Tulpen und Narzissen, hier die Narzisse Pink Charm,
passen immer gut zusammen.

BESTE FREUNDE

Queensland mit hellblauer Traubenhyazinthe.

Wunderschöne Pflanzkombinationen

Tulpen wirken für sich allein schon großartig. Wer es lieber bunt, gemischt und abwechslungsreich mag, kann sie aber auch wunderbar kombinieren.

Wer schon einmal Tulpen und Vergissmeinnicht zusammen gesehen hat, wird vielleicht nie wieder etwas anderes wollen. Zumindest ist das meine absolute Lieblingskombination. Ob klassische blaue Varianten mit rosa Tulpen, rosa Vergissmeinnicht mit weißen Tulpen oder weiße Vergissmeinnicht mit ganz dunklen Tulpen – die zarten, filigranen Wölkchen

Tulpen und Narzissen sind immer traumhaft zusammen. Die erwachende Pfingstrose in der Mitte wird in ein paar Wochen die welkenden und dann unansehnlichen Zwiebelpflanzen perfekt verdecken.

Hornveilchen sind Dauerblüher.

Beste Freunde

sehen zu den kräftigen Tulpenstängeln und Blüten einfach traumhaft aus.

Bedenke, dass Vergissmeinnicht zweijährig sind, deswegen solltest Du immer vorausschauend säen. Das gilt auch für Nachtviolen, die ganz wunderbar zu Tulpen passen. Wenn Dir das zu umständlich ist, kannst Du diese beiden Zweijährigen trickreich auch mit dem Kaukasus-Vergissmeinnicht oder Mondviolen (Lunaria rediviva – nicht annua!) ersetzen. Das sind nämlich Stauden.

Du kannst sie mit anderen Zwiebelblumen wie Narzissen oder Traubenhyazinthen kombinieren. Gerade Narzissen habe ich in den letzten Jahren für mich entdeckt, da es so viele wunderschöne – auch nicht-gelbe – Sorten gibt. „Acropolis", „Stainless" und „Bridal Crown" zählen hier zu meinen Favoriten. Und auch Traubenhyazinthen gibt es in verschiedenen Farben.

Wie eine wilde Blumenwiese sieht diese Bepflanzung im Keukenhof aus.

„Auch unter Apfelbäumen, Zierkirschen oder einer Magnolie sind Tulpen-Tuffs unwiderstehlich. "

Aber auch Veilchen, Stiefmütterchen, Goldlack (ich liebe „Bowles Mauve"), Wolfsmilch, Hornveilchen, Schleifenblumen, Prärielilien, Mohn oder Kornblumen (die letzten beiden am besten schon im Herbst als „Cool Flowers" gesät, dann blühen sie früher) passen ganz wundervoll.

Gerade zwischen Gehölzen, wo im Frühling meist noch mehr Sonne hinkommt als im Hochsommer, pflanze ich gerne Blumenzwiebeln, um diese Ecken zu beleben.

Ansonsten mag ich es bei Tulpen erstaunlicherweise auch gerne reduziert, da sie alleine besonders gut wirken. Nachdem zu dieser Jahreszeit im Garten meist noch nicht so viel blüht, ist es immer eine gute Wahl, Tulpe mit Tulpe zu kombinieren. Wenn sie gleichzeitig blühen sollen, achte darauf, dass Du Frühblühende mit Frühblühenden und Spätblühende mit Spätblühenden zusammen pflanzt.

Tulpen wirken besonders gut, wenn sie schlicht vor Grüntönen stehen. Dafür kannst Du viele Stauden verwenden, die erst später blühen, wie frisch austreibenden Frauenmantel oder Storchschnabel, Katzenminze und Akeleien oder auch Gehölze wie Ilex oder Buchs. Hast Du Tulpen, die in Orange-, Kupfer-, Weiß- oder Rottönen blühen, überlege, ob Du sie nicht zu Pfingstrosen pflanzen willst. Sie haben im Austrieb rötliche Blätter und geben den Tulpen ein tolles Bühnenbild. Auch Purpurglöckchen sind für diese Farbkombination sehr geeignet.

Jedes Jahr überlege ich wieder, ob ich lieber Ton-in-Ton oder kontrastreich pflanzen soll. Zarte Pastelltöne finde ich sensationell.

Aber meistens freue ich mich nach den langen Wintertagen über Farbe und bevorzuge dann doch kräftige Töne, die gute Laune machen. Allerdings beschränke ich mich je nach Beet auf maximal drei Farben.

UND NOCHMAL ZUR ERINNERUNG:

Wie schon erwähnt, ist es für die Optik wichtig, Deine Bepflanzung so zu planen, dass nach der Tulpenblüte die unansehnlichen Blätter Deiner Zwiebelblüher von nachwachsenden Stauden oder Zweijährigen verdeckt werden.

Pink Treasure

Cranberry Tristle

VOM GARTEN AUF DEN TISCH

Tulpen in der Vase

*Am längsten halten Tulpen in der Vase,
wenn die Blüte noch nicht ganz geöffnet sind.*

Ich liebe sie: dicke, opulente Tulpensträuße. Aber auch einzeln in kleinen Vasen sind sie immer wieder großartig.

Und am allerliebsten aus dem eigenen Garten. Auch wenn es mir bei jeder einzelnen schwerfällt, sie zu schneiden und ich (meistens völlig umsonst) fürchten muss, ein klaffendes Loch im Garten zu hinterlassen. Du kannst aber auch schon vorplanen und im Herbst ein paar mehr von den Sorten, die Du Dir auch in der Vase gut vorstellen kannst, setzen. Oder Du machst Dir ein eigenes (Hoch-)Beet für Deine Schnittblumen, das Du die ganze

Direkt vom Garten auf den Küchentisch.

Saison hindurch zum Schneiden für Sträuße nutzen kannst. Im Frühjahr mit Tulpen und Narzissen, im Sommer beispielsweise mit Kosmeen, Feldrittersporn und Löwenmäulchen und im Herbst für Dahlien und Astern.

Tulpen halten in der Vase bis zu zehn Tage.
Da sie als Schnittblumen noch weiter wachsen und allmählich ihre Blüten öffnen, ernte am besten die, deren Blüten noch geschlossen sind und nur zart ihre Farbe andeuten. Wichtig ist, dass die Knospen trocken sind. Bester Zeitpunkt für den Schnitt ist frühmorgens. Die Blumen haben dann über Nacht genug Wasser gezogen und halten dadurch länger.

Verwende ein scharfes Messer für einen glatten Schnitt, keine Schere, weil dadurch die empfindlichen Leitungsbahnen in den Stielen zerquetscht werden. Ob gerade oder schräg, daran scheiden sich die Geister und Philosophien – und ehrlich gesagt, glaube ich nicht, dass das so einen erheblichen Unterschied macht.

Idealerweise hast Du schon beim Schneiden einen Eimer oder eine Vase parat, um die Tulpen direkt im Garten

ins Wasser zu stellen. Das vermindert den Stress für unsere Schönheiten.
Unter uns: Ich mache es nicht. Spätestens fünf Minuten später stehe ich in der Küche und richte meinen Strauß her. Das sollten sie schon schaffen.

Ob einzeln in kleinen Vasen oder als dicker, üppiger Strauß: Ich liebe beides!

„Bester Zeitpunkt für den Schnitt ist frühmorgens.
Die Blumen haben dann über Nacht genug Wasser
gezogen und halten dadurch länger. "

So hast Du länger Freude an Deiner Vasenpracht

Suche Dir eine Vase in der passenden Größe. Die Tulpen dürfen darin ruhig etwas Luft haben, das sieht schöner aus.

Die Vase vorher gut reinigen, altes Blumenwasser oder Blumenreste können Bakterien enthalten, die die Lebenszeit der Blumen verkürzen.
Fülle frisches, kühles Wasser in die saubere Vase. So sauber, dass Du das Wasser auch daraus trinken würdest.

Entferne die Blätter, die im Wasser stehen würden und stelle Deine Blumen „knietief" in die Vase. Wenn das Blattgrün im Wasser steht, verfault es schnell, was nicht besonders gut riecht und auch den Blüten nicht guttut.

Wechsle das Wasser alle zwei Tage oder fülle es zumindest nach. Tulpen sind sehr durstig. Idealerweise schneidest Du dann auch die Stängel nochmal frisch an. Das ist bei den Wachstumsschüben Deiner Tulpen sowieso zu empfehlen. Je kühler sie stehen, desto besser und direktes Sonnenlicht gilt es zu vermeiden.

Nach dem langen Winter freut man sich einfach über Farbe – auch im Haus.

Tulpen passen wunderbar auch mit anderen Frühblühern wie Anemonen, Ranunkeln oder Schachbrettblumen in einen Strauß. Auch blühende Zweige sind sehr schön. Solltest Du sie mit Narzissen, Hyazinthen oder Lilien kombinieren, stelle diese direkt nach dem Schnitt erstmal in eine separate Vase. Sie sondern einen Pflanzensaft ab, der die Lebensdauer von anderen Blumen stark verkürzt. Nach ein paar Stunden schließen sich die Stielenden (nicht erneut anschneiden!) und verlieren keinen Schleim mehr. Dann kannst Du sie zu den Tulpen in die Vase stellen.

Wenn Du einen kühlen Ort im Haus hast, lohnt es sich, den Strauß über Nacht dorthin zu stellen, dann bleibt er länger frisch.

Die romantische
La Belle Époque.

TIPP

Du kannst die Tulpen auch mitsamt der Zwiebel aus der Erde ziehen, die Erde kurz abwaschen und, so wie sie sind, in eine Vase mit wenig Wasser stellen. Nur die Wurzeln sollten bedeckt sein. Dann halten sie noch länger.

Gefüllte Sorten im
Vintage Look.

Kräftige Orange- und Pinktöne mit Amazing Grace und Sensual Touch.

Foxtrot

Amazing Grace

LIEBLINGS-SORTEN

La Belle Époque

B

Damit der Genuss so lange und abwechslungsreich wie möglich ist, empfehle ich eine bunte Mischung aus frühen und späten, gefüllten und ungefüllten Exemplaren.

Ich habe Dir hier meine persönlichen Lieblingssorten zusammengestellt.

Bei tausenden von Sorten fällt die Wahl jedes Jahr aufs Neue unglaublich schwer: Welche Tulpen pflanzen?

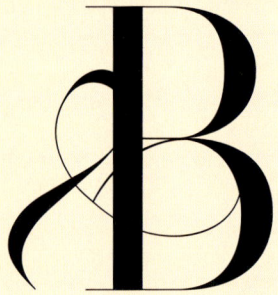

Sensual Touch und Amazing Grace

Angelique

LA BELLE ÉPOQUE

Eine der schönsten und begehrtesten Tulpen überhaupt.
Die großen Blüten erscheinen jeden Tag anders, von Apricot bis Kupfer, von Rosé
bis Karamell. Eine seltene, umwerfende Blume.

COPPER IMAGE

Normalerweise sind Orange- und Kupfertöne so gar nicht mein Ding, aber bei „Copper Image" muss ich einfach eine Ausnahme machen.
Wundervoll und prall gefüllt strahlt sie in den verschiedensten Farben.

PINK TREASURE

Diese Farbe!
Und dann noch diese dicken, gefüllten Blüten.
Sie blüht sehr lange und sieht wundervoll aus.

PINK STAR

Ich glaube, das ist sie. Meine Lieblingstulpe.

Mich hat wirklich überrascht, wie unwiderstehlich sie ist.

Ihre dreifarbigen apricot-pink-rosa Blüten erscheinen von Tag zu Tag anders.

DANCELINE

Diese außergewöhnliche Tulpe öffnet sich langsam und blüht daher besonders lang. Geschlossen schimmert ihre Blüte grünlich-gelb. Mit der Zeit offenbaren sich nach und nach ihre wunderschönen weißen, mit himbeerfarbenen Streifen verzierten Blätter. Wie von Hand bemalt.

BROWNIE

Sehr selten, sehr ungewöhnlich.
Diese besondere, gefüllte Päonien-Tulpe wirkt wie ein antikes Gemälde.
Die Farbe kann man nur ganz schwer beschreiben, vielleicht als Orange-Karamell?

BLACK HERO

Die Black Hero ist einzigartig und großartig zu kombinieren. Ob mit Weiß, Creme, zartem Lachsrosa oder Pink – zu dieser Tulpe eignet sich jede Farbe. Sie blüht außerdem besonders lange und ist mehrjährig.

FINOLA

Sie ist außergewöhnlich, weil sie sich täglich wandelt. Ihre Blütenblätter sind geflammt und die Farbe wechselt von Weiß zu Rosa und Pink, außen hat sie grüne Streifen.

JINAN

Durch ihre dicken, gefüllten brombeerfarbenen Blüten sticht sie sofort ins Auge, ihre Ähnlichkeit mit Pfingstrosen macht sie besonders charmant.

MOUNT TACOMA

Reinweiß, mit einem Hauch Grün am Rand, ist sie für mich eine der schönsten weißen Tulpen überhaupt. Beim Öffnen cremefarben, dann strahlend weiß.

CREME UPSTAR

Eine zauberhafte Päonien-Tulpe.
Ihre cremefarbenen, schon fast märchenhaften Blüten mit pinken Schattierungen
verändern sich farblich im Laufe der Zeit.

AMAZING GRACE

Eine spektakuläre Tulpe. Mit ihren changierenden Farben - von pink-grünlich, dann tiefem sattem Dunkelrosa bis hin zu Rosa - bringt sie Deinen Garten zum Leuchten. Ihre großen, dicht gefüllten Blüten verströmen einen herrlichen Duft.

PULCHELLA ALBA COERULEA

Wild, selten und einzigartig. Auch wenn ich bis heute jedes Mal ihren Namen wieder nachschauen muss, liebe ich diese Wildtulpe. Ihre glänzend weißen Blüten mit dunkelblauer Mitte sind etwas Besonderes und sehen aus wie kleine, weiße Sterne.

ANGELIQUE

„Angelique" ist ein absoluter Klassiker, das ‚kleine Schwarze' unter den Tulpen. Große, zartrosa Blüten, die an Pfingstrosen erinnern und unsere Gärten schon seit Jahrzehnten schmücken.

CREDITS, QUELLEN UND WEITERE LITERATUR

Danke für die wundervollen Fotos!
Syl Gervais, *@syl_loves*
Janina Laszlo, *@janinalaszlo*
Seila Malo, *@seila_malo*
Titel: Seila Malo
S. 2, 3, 6, 9, 12, 14, 15, 17, 19, 20, 23 unten, 24, 25, 27, 29 (4), 37, 45, 48, 51, 62, 66, 67, 68, 71, 72, 75, 98, 99, 100, 103, 105, 106, 107, 108, 111, 114, 121, 123, 127, Janina Laszlo
S.10,11, 12, 18, 26, 29 (3), 30, 31, 32 (1, 2, 3), 33, 34, 36, 39, 42, 50 unten, 60, 63, 65, 73, 86/87, 102, 104, 109, 110, 112, 113, 116, 117, 118, 120, 122, 125, Seila Malo
S. 16 Colourbox
S. 29 Veronika Belosokhova, Yekaterina Petrova
S. 69 Jonathan Larson
S. 81 Jan Rozehnal
S. 82 Helin Loik-Tomson
S. 83 MagicColors
S. 44, 46, 55, 71, 90, 91, 94, 96,97 Syl Gervais
S. 14, 23, 32 (4), 35, 38, 40, 41, 49, 50 oben, 70, 124, Eric Breed, *www.tulippictures.eu*
S. 54 Alexandra Lehne, *www.soul-garden. com*
S. 58/59, 92 Keukenhof
S. 57 Bernie Wong @berniewonggreen
S. 101 Michaela Eriksson @blomsteroch-flora
S. 76,77, 88, 95 Anja Beuse @anja_beuse_
S. 79 Pexels

Alle anderen: My Cottage Garden

Team ‚Cottage Garden'
Anna MacDougall
Christina Jacob
Hélène Sajtinac
Ein großes Danke an Eric Breed, dass ich Dich mit meinen Fragen löchern durfte.

Und Danke an Michel de Bruine und Sam van Schooten für die anhaltende Unterstützung und dass Ihr mich immer wieder hinter die Kulissen blicken lasst, um mir alles zu zeigen.

Quellen und weiterführende Literatur
„Zwiebelblumen", Elisabeth Schmid
„Krokus, Tulpe, Lilie & Co",
Katharina Adams
„Zwiebelpflanzen & Knollenblumen: pflanzen, pflegen, vermehren",
Richard Wilford
„Tulpenwahn. Die verrückteste Spekulation der Geschichte", Mike Dash
„Die Tulpe. Eine Kulturgeschichte",
Anna Pavord
„Tulpen, 50 Sorten im Portait",
Jane Eastoe
Und mein eigener (Cottage) Garten.

Alle meine Lieblingstulpen findest Du bei mir im Shop auf
shop.mycottagegarden.de

Und für alles andere rum um den Cottage Garten, besuch mich auf
www.mycottagegarden.de

IMPRESSUM

CALLWEY¹⁸⁸⁴

© 2023 Callwey GmbH
Klenzestraße 36
80469 München
buch@callwey.de
Tel.: +49 89 8905080-0
www.callwey.de

Wir sehen uns auf Instagram:
www.instagram.com/callwey

ISBN 978-3-7667-2644-5
1. Auflage 2023

Bibliografische Information der Deutschen Nationalbibliothek

Die Deutsche Nationalbibliothek verzeichnet diese Publikation in der Deutschen National-bibliografie; detaillierte bibliografische Daten sind im Internet über <http://dnb.d-nb.de> abrufbar.

Die Autorin

Als eine der erfolgreichsten deutschen Garten-Bloggerinnen steht Sarah Stiller mit ihrem Cottage Garten vor allem für zwei Dinge: die Liebe zum Gärtnern und die Fähigkeit, ihre Leser mit ihrer Begeisterung für Pflanzen anzustecken. Seit 2017 wächst ihr Garten und damit ihre Follower-Zahl, die sie mit ihrem Blog mycottagegarden.de verzaubert. Dank ihrer langjährigen Erfahrung überzeugt sie mit viel Fachwissen und gleichzeitiger Einfühlsam-keit, die sie den Tulpen entgegenbringt. Ihr Blog erhielt 2018 den Deutschen Gartenbuchpreis.

Dieses Buch wurde in CALLWEY-QUALITÄT für Sie hergestellt:

Beim Inhaltspapier haben wir uns für ein MagnoMatt in 150 g/m^2 entschieden – ein matt gestrichenes Bilderdruckpapier. Die ge-strichene, mattierte Oberfläche gibt dem Inhalt einen edlen und hochwertigen Charakter. Die Hardcover-Gestaltung besteht aus bedruck-tem Bilderdruckpapier. Dieses Buch wurde in Deutschland gedruckt und gebunden bei Firmengruppe Appl, aprinta druck GmbH, Wemding.

Viel Freude mit diesem Buch wünschen Ihnen:

Projektleitung: Anna Seidel
Autor/Lektorat: Sarah Stiller
Schlusskorrektur: Judith Marnet
Gestaltung & Satz: Anna Schlecker
Herstellung: Mira Wörgötter

Hinweis: Uns ist es ein Anliegen, dass sich alle Geschlechter wahrgenommen und wertgeschätzt fühlen. Im Sinne einer besseren Lesbarkeit der Texte verzichten wir jedoch auf die gleichzeitige Verwendung der Sprachformen männlich, weib-lich und divers (m/w/d). Wo dies möglich ist, bemühen wir uns darum, alle Formen mitein-zubeziehen, oder um neutrale Formulierungen. Sämtliche Personenbezeichnungen gelten glei-chermaßen für alle Geschlechter.

Liebevoll begleitet von